VIDA NUEVA

DANTE ALIGHIERI

LA VIDA NUEVA

I

En aquella parte del libro de mi memoria, antes de la cual poco podía leerse, hay un epígrafe que dice *Incipit vita nova*. Bajo este epígrafe se hallan escritas las palabras que es mi propósito reunir en esta obrilla, ya que no en su integridad, al menos sustancialmente.

II

Luego de mi nacimiento, el luminoso cielo había vuelto ya nueve veces al mismo punto, en virtud de su movimiento giratorio, cuando apareció por vez primera ante mis ojos la gloriosa dama de mis pensamientos, a quien muchos llamaban Beatriz, en la ignorancia de cuál era su nombre. Había transcurrido de su vida el tiempo que tarda el estrellado cielo en recorrer hacia Oriente la duodécima parte de su grado y, por tanto, aparecióseme ella casi empezando su noveno año y yo la vi casi acabando mis nueve años. Llevaba indumento de nobilísimo, sencillo y recatado color bermejo, e iba ceñida y adornada de la guisa que cumplía a sus juveniles años. Y digo en verdad que a la sazón el espíritu vital, que en lo recóndito del corazón tiene su morada, comenzó a latir con tanta fuerza, que se mostraba horriblemente en las menores pulsaciones. Temblando, dije estas palabras: *Ecce deus fortior me, veniens dominabitur mihi.* En aquel punto, el espíritu animal, que mora en la elevada cámara adonde todos los espíritus sensitivos del hombre llevan sus percepciones, empezó a maravillarme en gran manera, y dirigiéndose especialmente a los espíritus de la vista, dijo estas palabras: *Apparuit jam beatitudo vestra.* Y a su vez el espíritu natural, que reside donde se elabora nuestro alimento, comenzó a llorar, y, llorando, dijo estas palabras: *Heu miser! quia frequenter impeditus ero deinceps!*

Y a la verdad que desde entonces enseñoreóse Amor de mi alma, que a él se unió incontinente, y comenzó a tener sobre mí tanto ascendiente y tal dominio, por la fuerza que le daría mi misma imaginación, que vime obligado a cumplir cuanto se le antojaba. Mandábame a menudo que procurase ver a aquella criatura angelical. Yo, pueril, andábame a buscarla y la veía con aparecer tan digno y tan noble que ciertamente podíansele aplicar aquellas palabras del poeta Homero: «No parecía hija de hombre mortal, sino de un dios.»

Y aunque su imagen, que continuamente me acompaña, se enseñorease de mí por voluntad de Amor, tenía tan nobilísima virtud, que nunca consintió que Amor me gobernase sin el consejo de la razón en aquellas cosas en que sea útil oír el citado consejo.

Pero como a alguno le parecerá ocasionado a fábulas hablar de pasiones y hechos en tan extremada juventud, me partiré de ello, y, pasando en silencio muchas cosas que pudiera extraer de donde nacen éstas, hablaré de lo que en mi memoria se halla escrito con caracteres más grandes.

III

Transcurridos bastantes días para que se cumplieran nueve años tras la supradicha aparición de la gentilísima criatura, aconteció que la admirable mujer aparecióseme vestida con blanquísimo indumento, entre dos gentiles mujeres de mucha mayor edad. Y, al entrar en una calle, volvió los ojos hacia donde yo, temeroso, me encontraba, y con indecible amabilidad, que ya habrá recompensado el Cielo, me saludó tan expresivamente, que entonces creíame transportado a los últimos linderos de la felicidad.

La hora en que me llegó su dulcísimo saludo fue precisamente la nona de aquel día, y como se trataba de la primera vez en que sonaban sus palabras para llegar a mis oídos, embargóme tan dulce emoción, que apartéme, como embriagado, de las gentes, apelé a la soledad de mi estancia y púseme a pensar en aquella muy galana mujer.

Pensando en ella se apoderó de mí un suave sueño, en el que me sobrevino una visión maravillosa, pues parecíame ver en mi estancia una nubecilla de color de fuego, en cuyo interior percibía la figura de un varón que infundía terror a quien lo mirase, aunque mostrábase tan risueño, que era cosa extraña. Entre otras muchas palabras que no pude entender, díjome éstas, que entendí: *Ego dominum tuus*. Entre sus brazos parecíame ver una persona dormida, casi desnuda, sólo cubierta por un rojizo cendal, y, mirando más atentamente, advertí que era la mujer que constituía mi bien, la que el día antes se había dignado saludarme. Y parecióme que el varón en una de sus manos, sostenía algo que intensamente ardía, así como que pronunciaba estas palabras: *Vide cor tuum*. Al cabo de cierto tiempo me pareció que despertaba la durmiente y, no sin esfuerzo de ingenio, hacíale comer lo que en la mano ardía, cosa que ella se comía con escrúpulo. A no tardar, la alegría del extraño personaje se trocaba en muy amargo llanto. Y así, llorando, sujetaba más a la mujer entre sus brazos, y diríase que se remontaba hacia el cielo. Tan gran angustia me aquejó por ello que no pude mantener mi frágil sueño, el cual se interrumpió, quedando yo desvelado.

Y a la sazón, dándome a pensar, noté que la hora en que se me presentó la visión era la cuarta de la noche y, por ende, la primera de las nueve últimas horas de la noche. Y, meditando sobre la aparición, decidí comunicarlo a muchos renombrados trovadores de entonces. Como quiera que yo me hubiese ejercitado en el arte de rimar, acordé componer un soneto, en el cual, tras saludar a todos los devotos de Amor, rogaríales que juzgasen mi visión, que yo les habría descrito.

Y seguidamente puse mano a este soneto, que comienza: «Almas y corazones con dolor.»

Almas y corazones con dolor, a quienes llega mi decir presente (y cada cual responda lo que siente), salud en su señor, que es el Amor.

Las estrellas tenían resplandor el más adamantino y más potente cuando adivino el Amor súbitamente en forma tal que me llenó de horror.

Parecíame alegre Amor llevando mi corazón y el cuerpo de mi amada cubierto con un lienzo y dormitando.

La despertó mi corazón, sangrando, dio como nutrición a mi adorada.

Después le vi marcharse sollozando.

Este soneto se divide en dos partes. En la primera aludo y pido respuesta; en la segunda, indico a qué debe contestarse. La segunda parte empieza en «Las estrellas».

A este soneto respondieron, con diversas sentencias, muchos, entre los cuales figuraba aquel a quien yo llamo el primero de mis amigos.

Escribió entonces un soneto que empieza así: «Viste a mi parecer todo valor.» Y puede decirse que éste fue el principio de nuestra amistad, al saber él que era yo quien le había hecho el envío. Por cierto que el verdadero sentido del sueño mencionado no fue percibido entonces por nadie, aunque ahora es clarísimo hasta para los más ignorantes.

IV

A partir de aquella visión, comenzó mi espíritu natural a verse perturbado en su desenvolvimiento, pues mi alma hallábase entregada por completo a pensar en aquella gentilísima mujer. Así es que en breve tiempo torné de tan flaca y débil condición, que muchos amigos se apesaraban con mi aspecto y otros muchos se esforzaban en saber de mí lo que yo quería a toda costa ocultar a los demás. Y yo, apercibido para sus maliciosas interrogaciones, gracias a la protección de Amor, que me gobernaba según el consejo de la razón, respondíales que Amor era quien me había reducido a semejante estado. Mentábales Amor porque mi rostro lo denotaba de tal guisa, que fuera imposible encubrirlo. Y cuando me preguntaban: «¿Por causa de quien te ha destruido Amor?», mirábalos yo sonriendo y no les contestaba nada.

V

Aconteció un día que la gentilísima mujer hallábase en sitio donde sonaban alabanzas a la Reina de los Cielos y que yo me encontraba en sitio donde podía ver a mi bien. En medio de la recta que nos unía estaba una hermosa dama de agradable continente, la cual me miraba con frecuencia, maravillada de mis miradas, que a ella parecían enderezarse. Fueron muchos los que se percataron, hasta el punto de que, al partirme de allí, oí que a mi vera decían: «¿Ves cómo esa mujer atormenta a este hombre?» Y como la nombraran, comprendí que se referían a la que había estado en medio de la recta que, partiendo de la gentilísima Beatriz, terminaba en mis ojos, lo cual me animó en extremo, asegurándome de que mis miradas no habían descubierto mi secreto.
Y a la sazón pensé escudarme con aquella hermosa dama para disimular la verdad. Tan lo conseguí en tiempo escaso, que las más de las personas que de mí hablaban creían saber mi secreto. Con aquella mujer escudéme por espacio de meses y hasta años. Y para fomentar la credulidad ajena, escribí ciertas

rimas que no quiero transcribir aquí, aun cuando se referían a la gentilísima Beatriz; las omitiré, pues, a no ser que traslade alguna que más parezca en alabanza de ella.

VI

A tiempo que aquella dama servía para disimular el gran amor mío, sentí vehementes deseos de recordar el nombre de mi gentilísima señora, acompañándolo después de muchos nombres de mujeres más bellas de la ciudad-patria, por voluntad del Altísimo, de la mía-, compuse una epístola en forma de serventesio, que no transcribiré, y que ni tan sólo hubiera mencionado si no fuese para decir lo que, componiéndola, sucedió, por maravilla, o sea que no pude colocar el nombre de mi amada sino en el lugar noveno entre las demás mujeres.

VII

En tanto, he aquí que la mujer que por largo tiempo habíame servido para disimular mi pasión hubo de partirse de la susodicha ciudad y pasar a muy luengos países; por lo cual yo, al quedarme sin la excelente defensa, me desconsolé más de lo que hubiera podido creer al principio. Y pensando que si yo, de algún modo, no manifestaba dolor por su partida, las gentes hubieran advertido pronto mi fingimiento, decidí exponer mis lamentos en un soneto, que transcribiré, por cuanto mi amada fue causa inmediata de ciertas palabras que en tal soneto figuran, según advertirá quien lo conozca. Escribí, pues, este soneto, que empieza, «Vosotros que de Amor seguís la vía.»

Vosotros que de Amor seguís la vía, mirad si hay lacería
que se compare con mi pena grave.
Escuchad mi clamor, por cortesía y en vuestra fantasía ved que soy del penar albergue y clave. Diome el Amor por grácil hidalguía -que no por virtud mía-, una vida tan dulce y tan suave,
que a menudo la gente, nada pía, detrás de mí decía:
"¿Por qué ese pecho de la dicha sabe?"
Pero he perdido ya el fácil acento que el Amor me prestó con su tesoro; y tanto lo deploro que aun para hablar carezco de ardimiento.
Mostraré, pues -cual quienes en desdoro ocultan por vergüenza su tormento-, por de fuera, contento, mientras por dentro me destrozo y lloro.

Este soneto consta de dos partes principales. En la primera quiere llamar a los fieles de Amor con aquellas palabras del profeta Jeremías que dicen: *O vos omnes qui transitis per viam, attendite et videte si est dolor sicut meus*, y rogarles que tengan la bondad de escucharme. En la segunda refiero en qué situación me ha colocado Amor con otra intención que no muestran las partes extremas del soneto, y digo lo que he perdido. La segunda parte empieza en «Diome el Amor».

VIII

Poco después de partirse la hermosa dama plugo al Dios de los ángeles llamar a su gloria a una mujer joven y de muy bello aspecto que en la supradicha ciudad era muy estimada. Viendo yo su cuerpo yacente sin el alma entre otras muchas mujeres que lloraban lastimeramente, recordé que habíale visto en compañía de mi gentilísima amada, y no pude contener algunas lágrimas. Así llorando, decidí dedicar, unas palabras a su muerte, en virtud de haberla visto alguna vez con la dama de mis pensamientos. Algo de ello apunté en las postreras palabras que escribí, como verá claramente quien las lea. Fue entonces cuando compuse estos dos sonetos, el primero de los cuales comienza diciendo: «Puesto que llora Amor, llorad, amantes», y el segundo: «Muerte vil, de piedades enemiga.»
Puesto que llora Amor, llorad, amantes al escuchar la causa del lamento.
También las damas, con piadoso acento, como el Amor se muestran sollozantes.

En mujer de bellezas relevantes la muerte vil ha puesto su tormento, ajando, no el honor, que es macilento, sino tales bellezas, más brillantes.

Pero hízole el Amor gran reverencia, pues yo le vi de veras, no apariencia, gimiendo cabe el hecho tremebundo.

Y a menudo a los cielos se volvía donde ya para siempre residía la que no tuvo par en este mundo.

Este soneto se divide en tres partes. En la primera llamo e incito a los fieles de Amor para que lloren, les comunico que su señora llora y les digo la causa de que llore, a fin de que estén más dispuestos a escucharme; en la segunda refiero dicha causa, y en la tercera hablo de los honores que a dicha mujer hizo Amor. La segunda parte empieza en «También las damas;» la tercera, en «Pero hízole el Amor.»

Muerte vil, de piedades enemiga, De pesares amiga, juicio que se resuelve pavoroso, ya que heriste mi pecho doloroso, acude presuroso y en tu daño mi lengua se fatiga.

Si de merced te quiero hacer mendiga, conviene que yo diga tu proceder, que siempre es ominoso; no permanece a gentes misterioso, mas no hallaré reposo hasta que el mundo amante te maldiga.

De la tierra arrancaste con falsía cuanto a una dama embelleció galana: su juventud lozana tronchaste cuando amante florecía.

Su nombre no diré; sólo diría su virtud y su gracia soberana.
Quien al bien no se afana, jamás espere haber su compañía.
Esté soneto se divide en cuatro partes. En la primera llamo a la muerte con algunos de los nombres más apropiados; en la segunda, dirigiéndome a ella, expreso la causa que me impele a vituperarla; en la tercera la vitupero, y en la cuarta me dirijo a una persona indefinida, aunque para mi entendimiento esté definida. La segunda parte comienza en «Ya que heriste»; la tercera, en «Si de merced», y la cuarta, en «Quien al bien».

IX

Unos días después del fallecimiento de aquella dama aconteció que hube de partirme de la antedicha ciudad y encaminarme hacia donde se hallaba la gentil mujer que había sido mi defensa, si bien el término de mi andar no estaba tan lejos como ella. Y aun cuando iba yo en nutrida compañía, me disgustaba el andar en tal manera, que los suspiros no podían desahogar la angustia que mi corazón sentía a medida que me alejaba de mi bien.
Entonces, el dulcísimo sueño que me tiranizaba gracias a mi gentilísima amada se me apareció en la imaginación cual peregrino ligeramente vestido con groseros harapos. Parecía afligido y miraba al suelo, salvo

cuando, al parecer, dirigía sus ojos hacia un río de aguas corrientes y cristalinas que se deslizaba cerca del camino que yo seguía. Creí que me llamaba para decirme estas palabras: «Vengo de ver a la dama que por tanto tiempo fue tu defensa, y sé que no volverá; pero traigo conmigo el corazón que yo te hice dedicarle y lo llevaré a otra dama que te defienda como aquélla te defendía.» Y, como la nombrase, conocíala perfectamente. «Empero -añadió-, si por ventura refirieses algo de lo que te he comunicado, hazlo de suerte que no se entrevea la simulación de amor que practicaste con aquélla y que te convendrá practicar con otras.»

Dijo, y desapareció súbitamente la visión, no sin haber influido grandemente sobre mí. Aquel día cabalgué con aspecto demudado, muy pensativo y suspirando pródigamente. Al día siguiente di principio a este soneto que empieza: «Cabalgando anteayer por un camino.»

Cabalgando anteayer por un camino, rumbo que en modo alguno me placía, di con Amor en medio de mi vía con ligero sayal de peregrino.

Por su talante le juzgué mezquino, cual si hubiera perdido jerarquía; el trato de la gente rehuía, entre suspiros, pálido y mohíno.

Mas diciendo mi nombre así me hablaba:

"Vengo de lejos, donde se encontraba tu pobre corazón en ministerio, que te devuelvo para verte gayo." Y entonces me ganó turbio desmayo mientras Amor fundíase en misterio.

Este soneto se divide en tres partes. En la primera refiero cómo encontré a Amor y qué me pareció; en la segunda refiero lo que me dijo, aunque no enteramente, por miedo a descubrir mi secreto; en la tercera refiero cómo desapareció. La segunda parte empieza en «Más diciendo mi nombre»; la tercera, en «Y entonces me ganó».

X

A mi regreso dediquéme a buscar a la dama que mi dueño habíame indicado en el camino de los suspiros. Para abreviar, diré que en corto tiempo le hice de tal modo mi defensa, que muchos hablaban de ello más de lo prudente, lo cual me apesadumbraba sobre manera. Y por causa de estas lamentables habladurías, que me inflamaban con el vicio, mi discretísima amada, que fue debeladora de todos los vicios y soberana de todas las virtudes, encontrándome al paso, negóme su dulcísimo saludo, en que yo cifraba toda mi felicidad: Por eso, aun cuando me salga de mi actual propósito, quiero dar a entender los benéficos efectos que su saludo obraba en mí.

XI

Cuando la encontraba, dondequiera que fuese, con la esperanza de su magnífico saludo, no sólo me olvidaba de todos mis enemigos, sino que una llama de caridad hacíame perdonar a todo el que me hubiese ofendido. Y si alguien me hubiera preguntado entonces algo, mi respuesta, con humilde apostura, hubiera sido: «Amor.» Cuando ella estaba próxima a saludarme, un espíritu amoroso, destruyendo todos los otros espíritus sensitivos, impulsaba hacia afuera a los apocados espíritus del rostro, diciéndoles: «Salid para honrar a vuestra señora», y se quedaba él en lugar de ellos. Así, quien hubiera querido conocer a Amor, hubiera podido hacerlo mirando la expresión de mis ojos. Y cuando saludaba mi gentilísimo bien, no solamente Amor era incapaz de ensombrecer mi inefable dicha, sino que con semejante dulzura reducíase a tal estado, que mi cuerpo, en un todo sometido a su poder, manifestábase a menudo cual cosa inerte e inanimada. De lo cual se colige claramente que en su salud estaba mi felicidad, la cual muchas veces sobrepujaba y excedía a mis facultades.

XII

Mas, volviendo a mi propósito, debo decir que, al negarme tal felicidad, fue tanto mi dolor que, partiéndome de la gente, retiréme a solitario paraje donde bañar el suelo con muy amargas lágrimas. Y una vez hubo remitido este llanto, encerréme en mi estancia, donde podía lamentarme sin ser oído. Allí, implorando misericordia a la dama de las cortesías y exclamando: «Ayuda, Amor, a tu siervo», me dormí como un niño entrelloroso luego del castigo.

En medio de mi sueño parecióme ver en mi estancia, y sentado junto a mí, a un joven puesto de blanquísimo indumento, que, muy preocupado al parecer, me contemplaba en el lecho. Y, cuando me hubo mirado algún tiempo, parecióme que me llamaba suspirando para decirme estas palabras: *Fili mihi, tempus est ut proetermitantur simulacra nostra.* Y entonces me pareció conocerle, pues llamábame cual muchas veces me había llamado ya en mis sueños. Mirándole, parecióme asimismo que lloraba lastimeramente y que esperaba de mí alguna palabra, por lo cual, convencido de ello, comencé a hablarle de esta manera: «¿Por qué lloras, noble señor?» A lo que respondióme: *Ego tanquan centrum, circuli cui simili modo se habent circunferentiae partes; tu autem non sic.* Entonces, meditando sus palabras, hallé que

me había hablado con gran oscuridad, por lo cual procuré decirle lo siguiente: «¿Por qué, señor, me hablas tan oscuramente?» Y me repuso, ya en lengua vulgar: «No preguntes sino cosas útiles.» Comencé, pues, a hablar con él del saludo que se me negó y le pregunté la causa de esta negativa, a lo cual respondióme del siguiente modo: «Nuestra Beatriz oyó, hablando de ti con algunas personas, que la dama que te indiqué en el camino de los suspiros había sido enojada por ti, lo cual motivó que la gentilísima Beatriz, contraria a que se causen molestias de este linaje, no se dignara saludarte, creyendo que habías molestado. Por esto, aunque realmente ha tiempo que conoce tu secreto, quiero que le rimes unas palabras diciéndole el señorío que sobre ti ejerzo gracias a ella, y cómo a ella te consagraste desde tu más tierna infancia. Invoca por testimonio a quien lo sabe, y yo, que soy éste, gustosamente daré fe, con lo cual advertiré tus verdaderas intenciones y consiguientemente se percatará de que estaban engañados quienes le hablaron. Haz que tales versos sean indirectos para no hablarle directamente, como si no fueras digno de ello. Cuida, en fin, de mandárselos a donde yo me encuentre y pueda dárselos a entender, así como de revestirlos con suave armonía, en la que intervendré cuando fuere menester.»
Pronunciadas estas palabras, desvanecióse y se truncó mi sueño. Luego, rememorando,

inferí que la visión había acaecido en la novena hora del día. Y antes de salir de mi estancia me propuse componer una balada en la que cumpliría lo que mi señor habíame impuesto. Así, escribí esta balada, que empieza: «Balada, corre, que al Amor te envío.»

Balada, corre, que al Amor te envío; con él junto a mi dama te adelantas, y de mi afecto, que en tus versos cantas, hable después con ella el dueño mío.

Balada mía: irás tan cortésmente que, aunque sin compañero, podrías presentarte do quisieras; mas si deseas ir seguramente a Amor busca primero porque no es bueno que sin él te fueras.

Pues la dama que manda en mi albedrío contra mis ansias hállase enojada, y si no vas de Amor acompañada temo que te reciba con desvío.

Con dulce son, cuando estés junto a ella comienza de este modo, si su permiso concederte quiere:

"El que me envía a vos, señora bella, anhela que ante todo sus disculpas oigáis si las tuviere... Amor, el grato acompañante mío, quizá le hizo mirar otras doncellas

pensando en vos; mas al mirar en ellas no desertó de vuestro señorío."

Dile: "Su corazón, señora, tuvo en vos fe tan entera que a daros gloria fue siempre inclinado.

Muy temprano fue vuestro y se mantuvo."

Y si no te creyera, pregúntelo al Amor, que está enterado.
Cuando te vayas, con acento pío, suplicando perdón, por si la enojas, di que morir me mande, y sin congojas satisfará mi vida su albedrío.
Y a quien de toda compasión es clave le dices que argumente, quedándose, en favor de mi persona.
Siquiera- dile- por mi tono suave accede, complaciente, y por tu siervo con favor razona.
Y si ella, por tu oficio, le perdona, anúnciele por la paz gayo semblante."
Gentil balada mía, tú, constante, haz que el triunfo te ciña su corona.
Esta balada se divide en tres partes. En la primera le digo dónde ha de ir, la animo para que vaya más tranquila y le aviso qué compañía ha de tomar si quiere ir con seguridad y sin peligro alguno; en la segunda le digo lo que le cumple dar a entender, y en la tercera le doy venia para partir cuando quiera y encomiendo su gestión en brazos de la fortuna. La segunda parte empieza en «Con dulce son», y la tercera, en «Gentil balada».
Alguien podría objetarme que no acierta a quién hablo en segunda persona, pues la balada no contiene más palabras que las citadas; pero creo que esta duda la resuelvo en parte todavía más dudosa de esta obrita; entonces, pues, comprenderá quien aquí dudare y quisiere controvertirme.

XIII

Tras la susomentada visión, y una vez pronunciadas las palabras que Amor me obligó a decir, muchos y diversos pensamientos comenzaron a asaltarme y combatirme en forma tal, que contra algunos de ellos no podría defenderme. Cuatro consideraciones, sobre todo, inquietaban mi vida; una de ellas era ésta: bueno es el dominio de Amor, ya que aparta el entendimiento de sus siervos de todas las cosas viles. Otra era ésta: nada bueno es el dominio de Amor, pues cuanta más fe se tiene, más graves y dolorosos extremos hace pasar. Otra era ésta: tan dulce al oído es el nombre de Amor, que imposible me parece que su influencia no sea dulce en todo, comoquiera que los nombres respondan a las cosas denominadas: *Nomina sunt cosequientia rerum.* Y la cuarta era ésta: la mujer por quien Amor así te asedia no es como las demás mujeres, cuyo corazón fácilmente se puede ganar. Y cada una de tales consideraciones me acuciaba tanto, que estaba yo como quien quiere irse y no sabe por dónde. Si intentaba buscar un camino en el que todas las consideraciones coincidiesen, tal camino era también muy desfavorable para mí, pues tenía que invocar a la Piedad y arrojarme en brazos de ella. Y en tal situación viniéronme deseos de rimar y compuse este soneto, que empieza: «Hablan de Amor mis muchos pensamientos.»

Hablan de Amor mis muchos pensamientos, pero con varia y múltiple tendencia, pues mientras uno alega su potencia, otro halla en la virtud sus argumentos; ni oculta la esperanza sus contentos, ni dejo de llorar con gran frecuencia.

Sólo al pedir piedad tienen tangencia dentro del corazón tantos acentos.

Puesto en el trance de escoger, me pierdo; cuando pretendo hablar, no sé qué diga;
y con ello me encuentro siempre en duda.

Por eso, si deseo algún acuerdo, conviéneme apelar a mi enemiga, la Piedad, gran señora, por mi ayuda.

Este soneto puede dividirse en cuatro partes. En la primera digo y expongo que todos mis pensamientos son de amor; en la segunda afirmo que son diversos, y muestro diversidad; en la tercera digo en qué parece que anden todos los acordes, y en la cuarta digo que, deseando hablar de Amor, no sé por qué pensamiento decidirme, y si quiero abarcarlos todos necesito llamar a mi señora la Piedad, enemiga mía. Y digo «señora» casi irónicamente. La segunda parte empieza en «Pero con varia»; la tercera, en «Sólo al pedir», y la cuarta, en «Puesto en trance».

XIV

Tras esta porfía de tan diversos pensamientos, acaeció que mi gentilísima amada acudió a un lugar en que estaban reunidas muchas mujeres hermosas y adonde yo fui llevado por un amigo que creía hacerme un gran obsequio conduciéndome a sitio donde tantas mujeres mostraban su hermosura. Pero yo, ignorando a qué había sido conducido y confiándome a la persona que me había llevado a las postrimerías de la vida, le dije: «¿Para qué hemos venido junto a estas damas?» A lo que me contestó: «Para que sean más dignamente servidas.» Lo cierto era que se habían congregado allí para acompañar a una bella señora que aquel día habíase desposado y a quien, con arreglo a usanza de la supradicha ciudad, habían de acompañar asimismo la primera vez que se sentara a la mesa en la morada de su esposo. Por complacer a mi amigo decidí permanecer con él al servicio de aquellas damas; pero, seguidamente, parecióme sentir un pasmoso temblor que, comenzando en el lado izquierdo de mi pecho, extendíase súbitamente por todo mi ser. Hube de apoyarme disimuladamente en un pintado friso que rodeaba toda la estancia. Entonces, temeroso de que los, demás reparasen en mi temblor, alcé la vista y, mirando a las damas, vi entre ellas a la gentilísima Beatriz. Y fueron de tal modo aniquilados mis espíritus por la

fuerza que Amor adquirió viéndome tan próximo a mi bellísima dama, que sólo quedaron con vida los de la vista, si bien parecían fuera de su sitio, como si Amor quisiera ocupar su lugar nobilísimo para ver a la admirable señora. Y aunque yo me hallaba demudado, mucho dolíanme estos traviesos espíritus de la vista, que, lamentándose fuertemente, decían: «Si Amor no nos lazara fuera de nuestro sitio, podríamos estar mirando a esa maravillosa mujer como están mirándola los ojos de los demás.»
A todo esto, muchas de aquellas damas, advirtiendo mi transfiguración, dieron en asombrarse y empezaron a burlarse de mí, hablando con mi amada, por lo cual mi equivocado amigo cogióme de la mano, me sacó fuera de la presencia de dichas señoras y me preguntó qué me pasaba. Yo, más tranquilo ya, resucitados los espíritus muertos, repuestos los lanzados, respondí a mi amigo de este modo: «Puse los pies en esa parte de la vida más allá de la cual no se puede pasar con propósito de volver.»
Y, separándome de él, tornéme a la estancia de los llantos, en la cual, llorando avergonzado, me decía: «Si mi amada conociera, mi
estado, no creo que se mofara así de mi persona, sino que sentiría gran compasión.» Y, mientras lloraba, decidí escribir unas palabras en que, dirigiéndome a ella, significara la causa de mi transfiguración y le manifestara

que yo sabía perfectamente que ella la ignoraba, así como que, de haberla conocido, se hubiera compadecido de mí. Naturalmente, decidí escribirlas con el deseo de que por ventura llegasen a sus oídos. Y compuse, por ende, este soneto, que empieza: «¡Oh mujer que mil burlas aderezas!»

¡Oh mujer que mil burlas aderezas con tus amigas viendo mi figura!
¿Sabes que vengo a ser nueva criatura en la contemplación de tus bellezas?
Si lo supieras, toda gentilezas fuese quizá la mofa que me apura, que Amor, pues tu visión me, transfigura cobra tantos arrestos y fierezas, que ataca aciagamente mis sentidos
-ora parecen muertos, ora heridos-, dejándome tan sólo que te vea.
Cariz, por consiguiente, muestro ajeno, si bien en mi persona es donde peno el mal que en mi dolor se regodea.

No divido en partes este soneto, porque la división se hace solamente para aclarar el sentido de la cosa dividida, y como es sobrado evidente por su motivada causa, no necesita división. No obstante, entre las palabras donde se manifiesta la materia de este soneto, hay las dudosas, como cuando digo que Amor mata todos mis espíritus, menos los de la vista, que permanecen con vida, si bien desplazados de sus funciones; pero esta duda, imposible de resolver por quien no sea tan devoto de Amor como yo, no lo es para quienes lo son, ya que éstos ven claramente lo que resolvería lo dudoso de esas palabras. Por lo demás, no me toca resolver dicha duda, ya que mi lenguaje resultaría entonces inútil o verdaderamente superfluo.

XV

Después de la reciente transfiguración, asaltóme un pensamiento tenaz que no me daba punto de reposo y me argüía de esta manera: «Si pasas en tan lamentable estado cuando te hallas cerca de tu amada, ¿por qué procuras verla? Si ella te preguntara algo, ¿qué le contestarías, suponiendo que para contestarle tuvieses libres tus facultades?» Pero un humilde pensamiento respondía así: «Si no me cohibieran mis facultades y tuviese desenvoltura para contestar, diríale que, en cuanto me pongo a considerar su admirable belleza, me acomete un deseo tan poderoso de verla, que destruye y aniquila cuanto en mi memoria se le pudiera oponer. Así es que los padecimientos pasados no son obstáculo para que procuré verla.» Y movido por estos efectos decidí escribir unas palabras en que, al mismo tiempo que me excusara de semejante reprensión, hablase también de lo que me ocurre acerca de ella. Compuse, pues, el soneto que empieza: "Cuanto vive en mi mente halla la muerte."

Cuanto vive en mi mente halla la muerte si me aproximo a vos, amada mía, y Amor me dice en vuestra cercanía:
"Huya quien por morir se desconcierte."
El corazón exangüe y casi inerte, en el color del rostro da su guía.
Y las piedras, mirando mi agonía, "¡Que muera al punto!", claman con voz fuerte.
¡Cómo peca quien viéndome en tal guisa mi alma desconsolada no conforta mostrando que el penar mío le apena!
Y es que neutralizáis con vuestra risa mi mirada, en sus pésames absorta, y que, anhelando muerte, se envenena.
Este soneto se divide en dos partes. En la primera expreso la causa en virtud de la cual me abstengo de acercarme a mi amada; en la segunda refiero lo que me ocurre por acercarme a ella. Esta segunda parte comienza en «y Amor me dice». Y esta misma segunda parte se divide en otras cinco, según diversas materias. En la primera expreso lo que Amor, aconsejado por la razón, me dice cuando estoy cerca de ella; en la segunda manifiesto el estado del corazón por el aspecto de mi rostro; en la tercera indico cómo pierdo toda tranquilidad; en la cuarta afirmo que peca quien no se apiada de mí, cosa que, en cierto modo, me consolaría, y en la última explico por qué debiera compadecérseme, que es por la expresión lastimera de mis ojos, expresión lastimera desvirtuada, ya que no se manifiesta

a otros, por las mofas de ella, que mueve a imitación a quienes tal vez verían mi lamentable estado. La segunda parte comienza en «El corazón»; la tercera, en «Y las piedras»; la cuarta, en:
«¡Cómo peca!», y la quinta, en «Y es que neutralizáis».

XVI

Después de haber escrito este soneto, entráronme deseos de, decir también algo referente a cuatro aspectos de mi estado, los cuales me parecía no haber manifestado nunca. El primero de ellos es que muchas veces condolíame porque la fantasía impulsaba a mi memoria para que considerase en qué estado me dejaba Amor. El segundo es que Amor, a menudo, me asaltaba dé súbito tan fuertemente, que sólo vivía para pensar en mi amada. El tercero es que, cuando esta lucha de Amor se movía contra mí, yo, completamente pálido, andaba buscando a mi amada, creyendo que con verla estaría defendido en la batalla y olvidando lo que me ocurría al aproximarme a tan gran beldad. El cuarto es que el hecho de verla, no solamente no me defendía, sino que acababa desbaratando lo poco que de vida me restaba. Así, pues, compuse este soneto que empieza: «Muchas veces revélase a mi mente.»

Muchas veces revélase a mi mente el estado a que Amor me a sometido, y en fuerza de emoción pienso y me pido:
"¿Sufrirá más dolor algún viviente?"
Pues me acomete Amor tan diestramente que casi me derriba sin sentido,
no dejándome más que un desmedido aliento que por vos razona y siente. Buscando salvación, lucho a porfía, hasta que en postración sin valentía, busco en vos el remedio que apetezco.
Y cuando al contemplar alzo los ojos, me ganan los temblores y sonrojos mientras, yéndose el alma, desfallezco.
Este soneto se divide en cuatro partes, correspondientes a los cuatro aspectos a que se refiere; pero como han sido enumerados más arriba, me constreñiré a indicar cada parte por su comienzo. La segunda empieza en «Pues me acomete»; la tercera, en «Buscando salvación», y la cuarta, en «Y cuando al contemplar».

XVII

Escritos los tres sonetos últimos dirigidos a mi amada y en los que le refería mi estado, creí oportuno callar ya, pues me pareció haber hablado bastante de mí. Y comoquiera que después dejé de dirigirme a ella, convínome tratar materia nueva y más noble que la pasada. Diré, con la mayor brevedad posible, lo que fue motivo de ella, ya que es agradable de oír.

XVIII

Muchas personas, por mi solo aspecto, habían comprendido el secreto de mi corazón. Y varias damas que estaban Congregadas para deleitarse con la mutua compañía eran conocedoras de mis afectos, por cuanto todas habían presenciado muchas de mis turbaciones. Pasando yo, llevado por el azar, cerca de las gentiles señoras, llamóme una de ellas, que por cierto era de gratísimo hablar. Cuando llegué a donde estaban y vi que mi gentilísima dama no se hallaba allí, me serené, las saludé y preguntéles qué se les ofrecía.
Había muchas mujeres, algunas de las cuales reían entre sí, mientras otras me miraban esperando mis palabras y otras mantenían coloquios. Una de éstas, volviendo hacia mí sus ojos y llamándome por mi nombre, hablóme así: «¿Con qué fin amas a tu dama, que no puedes sostener su presencia? Dínoslo, porque seguramente la finalidad de ese amor será algo no visto jamás.» Pronunciadas estas palabras, no solamente ella, sino todas las otras mujeres, mostraron sus deseos de esperar mi respuesta. Y entonces les hablé así: «La finalidad de mi amor, ¡oh dama!, se cifra en saludar a la mujer que sabéis, y en ello consiste mi felicidad, término de todos mis

anhelos. Mas desde que le plugo negarme su saludo, Amor, que es mi señor, ha puesto mi felicidad entera en algo que no puede fallirme.» Rompieron entonces aquellas damas a hablar entre sí, de manera que yo creía oír sus palabras entrecortadas de suspiros, tal como a veces vemos caer la lluvia mezclada con copos de nieve. Y cuando hubieron hablado algún tanto, la misma dama que antes me habló, díjome lo siguiente: «Te rogamos que nos digas dónde se halla tu felicidad.» Y díjeles respondiendo: «En las palabras de alabanza a mi amada.» Y repuso mi interlocutora: «De ser cierto cuanto dices, las palabras con que nos has referido tu situación las habrías pronunciado con ese propósito.»

Y me partí de aquellas damas meditando lo oído, casi avergonzado, diciendo para mí: «Ya que tanta felicidad hallo en las palabras que loan a mi dama, ¿por qué he hablado de otras cosas?» Y decidí tomar siempre, en adelante, por motivo de mis palabras, cuanto fuera elogio de mi gentilísima amada. Reflexionando, pensé que me había lanzado a grave empresa para mí, por lo que no me atreví a empezar. Y así estuve algunos días, con ansia de hablar y con temor de quebrar mi silencio.

XIX

Aconteció, pues, que andando por un camino junto al cual se deslizaba un río clarísimo,

sentí tantos deseos de expresarme, que comencé a pensar en qué modo lo haría. Y pensé que lo oportuno era hablar de ella dirigiéndome a otras mujeres, pero no a cualesquiera, sino a las que son bellas y distinguidas. Entonces mi lengua se movió como espontáneamente para decir: «¡Oh damas que de amor tenéis idea!» Y con gran alegría retuve tales palabras en mi memoria para tomarlas por principio de lo que dijese. Ya vuelto a la supradicha ciudad, tras varias jornadas de meditación, comencé una canción con aquellas palabras, dispuesta como se verá al tratar de su división. La canción empieza, en efecto: «¡Oh damas que de amor tenéis idea!»
¡Oh damas que de amor tenéis idea!
Hablaros de mi dama yo pretendo.
Y no agotar su elogio es lo que entiendo, sino tan sólo descargar mi mente.
Cada vez que la elogio cual presea, Amor me hace sentir con tal dulzura, que, de obrar con sutil desenvoltura, enamorara de ella a toda gente.
Y no aspiro a loar sublimente por si caigo- contraste- en la vileza; me ceñiré a tratar de su belleza, para lo que merece, brevemente,
¡oh señoras amables!, con vosotras, pues no dijera, cuanto os digo, a otras.
Llama un ángel al célico intelecto y le dice: "En el mundo verse puede un ser maravilloso, que procede de un alma que hasta aquí su luz envía."

El cielo, que no tiene más defecto, pide a Dios si tal guisa le concede y el total de los santos intercede.

Tan sólo la Piedad abogacía interpone por mí. Mas Dios decía:

"Sufrid, dilectos míos, con paciencia, que no acuda tan presto a mi presencia, pues hay quien en la Tierra la porfía, y dirá en el infierno a los precitos:

"¡La esperanza yo vi de los malditos!" Por mi dama suspiran en el cielo; quiero, pues, referiros su nobleza. La que mostrar pretenda gentileza acompáñase de ella en la salida

que en todo pecho vil infunde un hielo con que mata los viles sentimientos, y quien logra mirarla unos momentos se queda ennoblecido o sin la vida, y el digno de mirar a mi elegida

experimenta al punto su potencia porque es su saludar beneficencia que hasta la ofensa estólida liquida.

A más, Dios otra gracia le ha otorgado: no puede mal morir el que le ha hablado.

"Siendo mortal -Amor en sí repite-, ¿cómo tan bella puede ser y pura?" La vuelve a contemplar y en sí murmura que hízola Dios sin norma de costumbre.

Con la perla su fina tez compite; color grato en mujeres, con mesura.

Compendia lo mejor de la Natura.

De todas las bellezas es la cumbre. Al lanzar de sus ojos clara lumbre surgen de amor

espíritus radiosos que hieren en la vista a los curiosos y al corazón infligen pesadumbre.
Su boca, donde Amor está presente, nadie puede mirarla fijamente.
¡Oh canción mía! Sé que irás hablando, a muchas damas una vez lanzada.
Te ruego, ya que estás aleccionada como hija del Amor, joven y pía, que por doquier digas suplicando:
"¿Qué senda llevárame a la persona cuya alabanza lírica me abona?"
Y si tu acción no quieres ver baldía, esquiva a todo ser sin cortesía, no fíes, de poder, tus intereses sino a la dama y al varón corteses que te señalarán la buena vía.
Y puesto que al Amor verás con ella, recomienda al Amor mi gran querella.
Para que se entienda mejor esta canción, la dividiré más cuidadosamente que las composiciones anteriores. Ante todo, haré tres partes: la primera es proemio de las palabras siguientes; la segunda es el tema de que se trata, y la tercera viene a ser auxiliar de las precedentes. La segunda empieza en «Llama un ángel»; la tercera, en «¡Oh canción mía!»
La primera parte se divide en cuatro. En la primera explico a quién y por qué deseo hablar de mi amada; en la segunda, lo que me parece, cuando pienso en sus merecimientos y cómo hablaría de ella si me atreviera; en la tercera, cómo debo hablar de ella para no verme impelido por obstáculos, y en la cuarta,

dirigiéndome de nuevo a quien quiero hablar, explico la causa de que me dirija a ellos. La segunda empieza en «Cada vez»; la tercera, en «Y no aspiro», y la cuarta, en «¡Oh señoras amables!»

Después, al decir: «Llama un ángel», empiezo a hablar de mi amada. Esta parte se divide en dos. En la primera explico cuánto la estiman en los cielos, y en la segunda, cuánto la estiman en la Tierra. Esta, que empieza en «Por mi dama», se divide en dos. En la primera explico lo referente a la nobleza de su alma, enumerando algunas de las poderosas virtudes que de su alma proceden; en la segunda explico lo referente a la nobleza de su cuerpo, enumerando algunas de sus bellezas. Esta, que empieza en «Siendo mortal», se divide en dos: en la primera trato de algunas bellezas, concernientes a toda persona; en la segunda trato de algunas bellezas que conciernen a determinadas partes de la persona. Esta segunda parte, que empieza en «Al lanzar de sus ojos», se divide en dos: en una hablo de su boca, que es término de amor. Y para que se disipe todo pensamiento impuro, recuerde el lector que más arriba queda escrito que el saludo de tal mujer, función de su boca, fue término de mis anhelos mientras lo pude recibir.

Luego, al decir: «¡Oh canción mía!» añado una estrofa a manera de auxiliar, en la cual manifiesto lo que de esta mi canción espero. Y comoquiera que esta última parte es fácil de entender, no me entretengo en más diversiones. No niego que, para hacer más inteligible esta canción, convendría establecer más subdivisiones; sin embargo, quien no tenga bastante ingenio para entenderla con las divisiones hechas, no me disgustará si la deja estar, pues, en verdad, temo, con las divisiones establecidas, haber facilitado, a demasiados su inteligencia, si acaso la canción llega a oídos de muchos.

XX

Una vez divulgada, en cierto modo, esta canción, como la oyese cierto amigo mío, sintióse inclinado a rogarme que le dijera qué es Amor, pues quizá, por las palabras oídas, esperaba de mí más de lo que yo merecía., Y pensando yo que después de lo tratado era oportuno decir algo de Amor, así como en la conveniencia de atender a mi amigo, decidí escribir unas palabras en que de Amor tratase. Entonces compuse este soneto, que empieza: «Escribió el sabio: son la misma cosa.»
Escribió el sabio: son la misma cosa el puro amor y el noble entendimiento.
Como alma racional y entendimiento, sin uno nunca el otro vivir osa.
Hace Naturaleza, si amorosa, de Amor, señor, que tiene su aposento en el noble sentir, donde contento por breve o largo término reposa.

Como discreta dama, la Belleza se muestra, y tanto place a la mirada, que los nobles sentires son deseo: por su virtud, si dura con viveza, la fuerza del amor es desvelada.
Igual procede en damas galanteo.
Este soneto se divide en dos partes. En la primera hablo de Amor en cuanto es en potencia; en la segunda hablo de él en cuanto de potencia se reduce en acto. Esta segunda parte empieza en «Como discreta dama». La primera parte se divide en dos: en la primera manifiesto en qué sujeto se encuentra esta potencia; en la segunda explico cómo han nacido este sujeto y esta potencia y cómo uno se halla en relación con otro igual que la materia con la forma. La segunda empieza en «Hace naturaleza». Luego, al decir: «Como discreta dama», explico cómo dicha potencia se reduce a acto; primero cómo se reduce en el hombre, y después -al decir; «Igual procede»- cómo se reduce en la mujer.

XXI

Una vez traté de Amor en los susodichos versos, sentí apetencia de escribir, también en alabanza de mi gentilísima amada, unas palabras mediante las cuales mostrara no solamente cómo por ella se despierta Amor en caso de que esté dormido, sino cómo ella le hace acudir allí donde no está en potencia. Y

entonces compuse este soneto que empieza: «Mora Amor en los ojos de mi amada.»
Mora Amor en los ojos de mi amada por lo cual cuanto mira se ennoblece.
Aquel a quien saluda se estremece: todo mortal le lanza su mirada.
Si ella baja la faz, el todo es nada, el ánimo en quejumbre desmerece, muere soberbia, cólera perece.
¡Oh mujeres, le cumple ser loada!
Toda humildad y toda dulcedumbre nace oyendo su voz pura y afable.
Dichoso el hombre que la vio primero.
Cuando sonríe -que su boca es lumbrese magnifica y hácese inefable porque es algo divino y hechicero.
Este soneto consta de tres partes. En la primera explico cómo dicha mujer reduce a acto la mencionada potencia con la nobleza que emana de sus ojos, y en la tercera explico lo mismo con referencia a su nobilísima boca; pero entre ambas partes hay otra cosa menor que, por decirlo así, se auxilia en la precedente y en la siguiente y que empieza en «¡Oh mujeres!», mientras la tercera empieza en «Toda humildad». La primera parte se divide a su vez en tres. En la primera digo cómo tiene la virtud de embellecer todo cuanto mira, lo cual equivale a decir que conduce a Amor en potencia allí donde no está; en la segunda digo cómo reduce en acto a Amor en los corazones de todos aquellos a quienes ve, y en la tercera

digo cómo reduce en acto a Amor, en los corazones de todos aquellos a quienes mira. La segunda empieza en «Aquel a quien saludo»; la tercera, en «Todo mortal». Luego, al decir «¡Oh mujeres!», doy a entender a quién tengo intención de hablar, invitando a las mujeres para que ayuden a rendir pleitesía a mi amada. Después, al decir: «Toda humildad», repito lo ya dicho en la primera parte, pero con referencia a dos funciones de su boca, una de las cuales es su dulcísima voz y otra su admirable sonrisa, si bien no digo de ésta cómo actúa en otros corazones, pues la memoria no puede recordarla ni recordar sus efectos.

XXII

No muchos días después, por voluntad del Señor de los Cielos (que ni a sí mismo se privó de la muerte), abandonó esta vida, seguramente para ir a la eterna gloria, el que fue padre de la maravillosa y nobilísima Beatriz.
Y como semejante partida causa dolor en quienes, habiendo sido amigos de quien se va, se queda; como no hay amistad más íntima que la de un buen padre con un buen hijo y la de un buen hijo con un buen padre; como mi amada era extremadamente buena y su padre- según general y justificadamente se cree- extremadamente bueno, es natural que mi

amada sintiese un amarguísimo dolor. Y como, según costumbre de la antes referida ciudad, las mujeres reúnense con las mujeres y los hombres con los hombres en ocasión de estos tristes acaecimientos, fueron muchas las mujeres que se congregaron donde Beatriz lastimeramente lloraba. Aconteció, pues, que encontré a varias mujeres que allí tornaban y les oí repetir palabras quejumbrosas de mi amada, entre ellas las siguientes: «Llora de tal suerte como para que muera de compasión quien la vea llorar.» Alejáronse después aquellas mujeres, y quedéme tan triste, que de vez en vez bañaba mis mejillas alguna lágrima, que yo disimulaba llevándome con frecuencia las manos a los ojos. Al punto hubiérame ocultado, de no hallarme por donde pasaban la mayor parte de las mujeres que de ella separábanse. Así es que permaneciendo en el mismo sitio, oí a otras mujeres, que pasaron junto a mí y que iban diciendo: «¿Cuál de nosotras podrá tener alegría habiendo oído quejarse tan dolorosamente a esta mujer?» Luego pasaron otras que decían por mí: «Ese hombre llora igual que si la hubiera visto como la hemos visto nosotras.» Y otras, después, dijeron también por mí: «Se ha alterado tanto, que no parece el mismo.» Y al paso de otras mujeres oía yo palabras de este estilo referentes a ella y a mí.
Luego, meditando, decidí escribir unos versos, muy justificados, en los que resumiría cuanto

de aquellas mujeres había oído. Y como gustosamente las hubiera interrogado, de no haber tenido reproches, escribí, cual si las hubiera interrogado y me hubieran respondido. Así es que compuse dos sonetos. En el primero, pregunto según sentía deseos de preguntar, y en el segundo expongo la respuesta utilizando lo que oí, como si me lo hubieran dicho contestando. El primero empieza: «Vosotras que traéis lacio semblante», y el segundo: «¿Eres tú quien loaba su hermosura?»

Vosotras que traéis lacio semblante, bajos los ojos y el dolor marcado,
¿de dó venís con rostro tan ajado que compasión inspirará al instante?
¿Tal vez tuvisteis a mi Amor delante con el rostro por llantos anegado?
Damas: decidme ya lo sospechado viendo vuestro dramático talante.
Y si venís de sitio tan piadoso, tomaos junto a mi breve reposo para comunicarme lo que sea.
Veo que vuestros ojos tienen llanto y en vosotras observo tal quebranto que por ende mi ser se tambalea.

Este soneto se divide en dos partes. En la primera, tras la invocación, pregunto a dichas mujeres si vienen de junto a ella, anticipándoles que lo creo así al ver que vuelven ennoblecidas; en la segunda ruégoles que me hablen de ella. La segunda parte

empieza en «Y si venís». He aquí el otro soneto tal como anteriormente se ha referido:
¿Eres tú quien loaba su hermosura hablando con nosotras muy frecuente?
Nos lo pareces por tu voz doliente, aunque se haya mudado tu apostura.
Mas ¿por qué en el llorar tu alma se apura hasta dar compasión a extraña gente?
¿La viste tú llorando, y en tu mente patética membranza se figura? Deja, pues, que llorando caminemos sin que livianamente nos calmemos, ya que su llanto nuestro oído hería.
Tanto a la compasión mueve su cara, que quien con atención la contemplara llorando ante tu dama moriría.
Este soneto consta de cuatro partes, que corresponden a los cuatro modos de hablar entre sí que tuvieron las mujeres por quienes contesto. Pero como arriba están harto claras, no me entretengo en referir el contenido de cada parte, sino que me limito a separarlas. La segunda empieza en «Mas ¿por qué en el llorar»; la tercera, en «Deja, pues», y la cuarta, en «Tanto a la compasión».

XXIII

Pocos días después sucedió que en determinada parte de mi cuerpo me sobrevino una dolorosa afección, en virtud de la cual estuve sufriendo y penando nueve días de una manera muy amarga, lo cual me causó tanta debilidad, que hube de estar como los que no pueden moverse. Al noveno día, sintiendo unos dolores casi intolerables, me puse de pronto a pensar en mi amada, y, luego de haber pensado cierto tiempo en ella, volví mis pensamientos hacia mi debilitada vida, y viendo cuán breve sería su duración, aun estando sano el cuerpo, comencé a llorar internamente por tanta desgracia. Con fuertes suspiros decía para mí: «Alguna vez tendrá que morirse la gentilísima Beatriz.»

Entonces me ganó tal desfallecimiento, que cerré los ojos y comencé a delirar como persona fuera de sí. Y al principio de los desvaríos de mi fantasía se me aparecieron rostros de mujeres con las cabelleras sueltas, que decían: «Morirás, morirás.» Tras aquellas mujeres se me aparecieron unos rostros estrambóticos y horripilantes que decían: «Ya estás muerto.» Y como mi fantasía diera en divagar así, llegué a ignorar dónde me hallaba, y, además, parecíame ver por las calles a mujeres de sueltos cabellos que lloraban con tremenda tristeza; parecíame que el sol se oscurecía hasta el punto de que las estrellas se mostraban de un color tal como sí llorasen; y parecíame que los pájaros caían del aire muertos, así como que se producían muy grandes terremotos. Maravillado, al mismo tiempo que espantado, con tal fantasía, imaginé que un amigo venía a decirme: «¿Acaso no sabes que tu amada ha abandonado ya este mundo?» A la sazón, comencé a llorar muy lastimeramente, no sólo con la imaginación sino con los ojos, bañados en verdaderas lágrimas. Figurándome que miraba hacia el cielo, creía ver muchedumbre de ángeles que volvían a él llevando delante una blanquísima nubecilla. Y pareciome que aquellos ángeles cantaban a gloria y que entre las palabras del cántico figuraban las de *Hosanna in excelsis!* Nada más oía. Y entonces me figuré que el corazón, donde tanto amor se albergaba, decíame: «Cierto es que ha muerto nuestra amada», con lo cual echaba yo a andar para ver el cuerpo donde había residido aquella nobilísima y, bienaventurada alma. Tan poderosa fue la errada fantasía, que me enseñó a mi amada muerta; diríase que unas mujeres le cubrían la cabeza con blanco velo, y su cara ofrecía un talante de humildad tal como si dijera: «Estoy viendo el principio de toda paz.» Con esto, sentíme tan anonadado que llamaba a la Muerte, diciendo: «¡Ven a mí, dulcísima Muerte! No me seas cruel, pues debes ser noble, a juzgar por donde has estado. ¡Ven a mí, que tanto te deseo! ¿No ves que ya tengo tu mismo color?»

Y cuando vi realizadas ya las dolorosas ceremonias que con los cuerpos de los difuntos es costumbre hacer, pareciome que volvía a mi estancia y que desde allí miraba al cielo. Y tan exaltada estaba mi imaginación, que, llorando, dije con voz verdadera: «¡Oh alma hermosísima! ¡Feliz quien te contempla!» Y cuando, con dolorosos extremos de llanto, pronunciaba estas palabras y llamaba a la Muerte para que se llegara hasta mí, una mujer joven y bella que se encontraba junto a mi lecho, creyendo que mi llanto y palabras obedecían sólo a los dolores de mi enfermedad, comenzó también a llorar con gran espanto, por donde otras mujeres que en la estancia se hallaban se percataron, por el llanto de ella, de que yo lloraba. Entonces la separaron de mí (me unían a ella lazos de muy próxima consanguineidad) y se me acercaron para despertarme, creyendo que soñaba. «No duermas más- decíanme-. No desconsueles.» Estas palabras atajaron mi gran desvarío, cuando quería decir: «¡Oh Beatriz, bendita seas!» Ya había dicho: «¡Oh Beatriz!» cuando, reaccionando, abrí los ojos y vi que todo era un engaño. Y aunque había pronunciado dicho nombre, estaba mi voz tan entrecortada por los sollozos, que aquellas mujeres no pudieron entenderme, a lo que creí. Grave vergüenza sentía yo; mas, por una advertencia de Amor, volvíme hacia ellas. Y al verme comenzaron a decir por mí: «Semeja un muerto», y a musitar: «Procuremos reanimarlo.» Me dirigieron, pues, muchas palabras de consuelo, y me preguntaron por qué había tenido miedo. Yo, una vez estuve algo repuesto y me hube dado cuenta del falaz desvarío, respondíles: «Voy a explicaros lo que me ha pasado.» Y desde el principio al fin les conté lo que había visto, si bien callando el nombre de mi amada.

Después, sanado ya de la dolencia, decidí escribir unos versos en que narrase lo acontecido, por parecerme cosa agradable de oír. Y compuse esta canción, que empieza: «Una joven señora compasiva», ordenada según declara la división infrascrita:

Una joven señora compasiva de humanas gentilezas adornada, oyó cómo llamaba yo a la Muerte.

Y al percibir mi vista en pena viva, así como al oír mi voz dañada se puso, temerosa, a llorar fuerte.

Otras damas, a quienes llanto advierte, repararon en mí, desconsolado, y, habiéndome apartado, solícitas corrieron a mi vera,

diciendo: "¡No soñéis de esa manera!"

y "¿Qué le habrá turbado de tal suerte?"

Y de la pesadilla fui librado diciendo al mismo tiempo el nombre amado.

Era mi débil voz tan lastimosa, entrecortada por angustia y llanto, que el nombre sólo oí de mi adorada. Con la vista confusa y vergonzosa, reminiscencia del pasado espanto, me hizo lanzar Amor una mirada.

Se encontraba mi faz tan demacrada, que exclamaba con fúnebre recelo:

"Hay que darle consuelo."

Tras consultarse con la voz doliente, decía un son frecuente: "¿Qué cosa ves que tanto te anonada?" Y dije, al amainarse mis suspiros:

"¡Oh, damas! Lo que fue voy a deciros."
Mientras pensaba yo en mi frágil vida, viendo que su durar es un instante, Amor lloraba dentro de mi pecho. Y se me puso el alma dolorida para decir en tono suspirante:
"La muerte de mi amada será un hecho."
Entonces me ganó tan gran despecho, que los ojos cerré como si ciegos quedaran, y andariegos se fueron mis sentidos por el mundo.
Más yo, meditabundo, aunque con el espíritu desecho, vi que a mí unas mujeres se acercaban y que con saña "¡Morirás!" clamaban.
Después vi cosas nunca imaginadas al discurrir febril mi fantasía, pues me encontraba en fantasmal paraje donde corrían hembras desgreñadas con lloro y clamoreo que esparcía tristeza corrosiva como ultraje.
Luego, con otro cuadro me distraje viendo apagarse el sol, naciendo estrellas llorar el sol con ellas, cesar todos los pájaros su vuelo.
estremecerse el suelo y presentarse un hombre sin coraje diciéndome: "¿No sabes, dolorido, que tu dama sin par ha fallecido?" Mi vista lacrimosa levantaba y como lluvia de maná, veía que tornaban los ángeles al Cielo.
Nubecilla gentil, rula indicaba, y "Hosanna!" proclamaban a porfía.
Admitirlo podéis cual lo revelo.
Entonces dijo Amor: "Nada te celo.

Ven nuestra dama a ver, que muerta yace Mi delirar falace llevóme al sitio donde unas mujeres, en fúnebres deberes, a mi amada cubrían con un velo. Y en aspecto la vi tan humildoso que decir parecía: "En paz reposo."
Por suerte me abatió melancolía al contemplar tanta dulzura en ella.
"¡Oh Muerte!- dije-. En ti presiento bienes y bellezas que antaño no advertía.
Pues moraste en el cuerpo de mi bella, no es justo que por ti tenga desdenes.
Dirigiréme a ti, si tú no vienes.
Hermana en palidez, mísera dama, ¡mi corazón te llama!"
Luego partíme, terminado el duelo, y solo con mi anhelo dije alzando mi vista a los edenes:
"¡Quien te vea, alma hermosa, qué contento!" Y me llamasteis en aquel momento.
Esta canción consta de dos partes. En la primera, hablando con persona no concreta, explico que ciertas personas me sustrajeron de un vano delirio y que prometí contárselo; en la segunda cuento lo que les dije. La segunda parte empieza en «Mientras pensaba.» La primera parte se divide en dos. En la primera refiero lo que una mujer y varias mujeres dijeron e hicieron cuando me vieron delirar, antes que volviese a mis cabales sentidos. En la segunda repito lo que aquellas mujeres dijéronme cuando cesé en el desvarío. Esta parte empieza en «Era mi débil voz». Luego, al decir «Mientras pensaba», refiero cómo les

conté mi fantasía. Y hago de ello dos partes. En la primera refiero ordenadamente dicha fantasía; en la segunda, diciendo en qué momento me llamaron, les doy las gracias tácitamente. Esta parte empieza en «Y me llamasteis».

XXIV

Tras aquel vano delirio, aconteció un día que, hallándome sentado y meditabundo en un lugar, noté que el corazón me daba un vuelco cual si me encontrase ante mi amada. Entonces se me representó Amor y parecióme que venía de donde la dama de mis pensamientos estaba. También me pareció que alegremente decía a mi corazón: «No te olvides de bendecir el día en que me apoderé de ti, pues debes hacerlo.» Y en verdad sentíame el corazón tan jubiloso, que, dada su nueva condición, no me parecía el mío.
Poco después de estas palabras, que me dijo el corazón con la lengua de Amor, vi venir hacia mí a una gentil señora, famosa por su belleza, y que había sido largo tiempo amada de aquel mi primer amigo. Llamábase Juana, si bien por su belleza, según cree alguien, se le impuso el nombre de Primavera con que se la denominaba. Y mirando vi acercarse tras ella a la admirable Beatriz. Ambas pasaron junto a mí, una tras otra, y parecióme que Amor me hablaba con el corazón para decirme: «A la

primera se la llama Primavera tan sólo porque hoy viene así, pues yo induje a quien le puso nombre a que la denominase Primavera, porque *prima verrá*, el día en que Beatriz se muestre después de la visión de su devoto. Y si se considera su primer nombre también equivale a decir *prima verrá*, pues el nombre de Juana procede de aquel Juan que precedió a la luz verdadera diciendo: *Ego vox clamantis in deserto; parate viam Domini*. Y aún parecióme que a continuación me decía estas palabras: Quien quisiera pensar sutilmente, llamaría Amor a Beatriz por la gran semejanza que conmigo tiene.»

Volviendo después sobre todo esto decidí escribir unos versos a mi primer amigo, callando, no obstante, ciertas palabras que me parecía indicado callar y creyendo que su corazón aún estaba inclinado hacia la belleza de tan gentil Primavera. Y compuse este soneto, que empieza: «Un ímpetu amoroso que dormía.»

Un ímpetu amoroso que dormía tuvo en mi corazón renacimiento.

Y Amor vi que venía tan contento, desde lejos, que no lo conocía.

Díjome con talante de alegría:

"Te cumple venerar mi valimento."

Y apenas transcurrió corto momento, mirando al sitio de que Amor venía, vi a mis señoras Beatriz y Juana -una maravillosa, otra hechiceraseguir la ruta, hacia nosotros llana.

Y según mi memoria reverdece, díjome Amor: "Si Juana es Primavera, es la otra el amor, pues me parece."

Este soneto consta de muchas partes, la primera de las cuales dice cómo sentí desvelarse en mi corazón el acostumbrado temblor y cómo me pareció que Amor desde lejos alegraba mi corazón; la segunda dice cómo me pareció que Amor me hablaba al corazón y cómo se me mostraba; y la tercera dice lo que vi y oí durante el tiempo en que Amor estuvo conmigo. La segunda parte empieza en «Díjome con talante», y la tercera, en «Y apenas transcurrió». La tercera parte se divide en dos: en la primera refiero lo que vi, y en la segunda refiero lo que oí. Esta segunda empieza en «Díjome amor».

XXV

Aquí cualquiera persona digna de que se le aclaren las dudas podría dudar de lo que digo acerca de Amor, tratándolo como si fuera una cosa en sí, y no sólo sustancia inteligente, sino como si fuese sustancia corpórea. Lo cual, a decir verdad, es falso, pues Amor no existe por sí mismo como sustancia, sino que es un accidente en la sustancia. Que yo hablo de él como si fuera cuerpo y, más aún, como si fuera hombre, despréndese de tres cosas que digo de él. Primeramente, digo que le vi venir de lejos; pero como venir implica movimiento local, y como, según el filósofo, sólo el cuerpo es localmente móvil, se deduce que considero a Amor como cuerpo. También digo de él que reía y hasta que hablaba, lo cual- especialmente la risa- parece propio del hombre: por tanto, es evidente que lo considero personificado.

Para aclarar estas cosas, según creo oportuno, conviene considerar que antiguamente no había cantores de amor en lengua vulgar, sino que los cantores eran ciertos poetas de lengua latina; los asuntos amorosos no los trataban poetas vulgares, sino poetas cultos; y me refiero a entre nosotros, pues quizá en otras partes, como en Grecia, suceda aún lo que sucedía. No ha muchos años que surgieron los primeros poetas vulgares (hablar en rima en vulgar equivale a hablar en verso en latín, según cierta proporción). Y señal de que hace poco tiempo es que si buscamos en lengua de *oc* o en lengua de *sí*, no encontraremos escrito nada más allá de ciento cincuenta años a esta parte. Por cierto que la causa de que algunos burdos poetas lograsen nombradía de bien decir es que fueron los primeros que compusieron en lengua de *sí*. Y lo que movió al primero de todos ellos a versificar en lengua de *sí* fue el deseo de que entendiera sus decires una mujer a quien se le hacían de difícil entendimiento los versos latinos. Cito el detalle contra quienes riman sobre materia no amorosa, siendo así que tal guisa de expresarse fue inventada para decirles de Amor.

Por ende, como los poetas tienen más licencia en el lenguaje que los prosadores, y como quienes hablan en rima no son sino poetas vulgares, justo y razonable es que se les conceda mayor licencia en el lenguaje que a los demás que se expresan en vulgar; así es que toda figura o recurso retóricos que se concedan a los poetas deben concederse a los rimadores. Si, pues, vemos que los poetas han hablado de las cosas inanimadas como si tuvieran sentidos y razón y han hecho que hablaran entre sí (y ello no sólo con cosas verdaderas, sino con cosas falsas, pues de cosas que no existen han dicho que hablan del mismo modo que han dicho que hablan de muchos accidentes cual si fueran sustancias y hombres), justo es que el rimador haga lo mismo, pero no sin razón alguna, sino razonadamente, de manera que sea posible explicarlo en prosa.

Que los poetas han hablado como se ha dicho se demuestra con Virgilio, quien- en el primer canto de la *Eneida*- dice que Juno, diosa enemiga de los troyanos, habló así a Eeolo, señor de los vientos: *Aeole, namque tibo*, a la que Eolo repuso: *Tuus, o regina, quid optes explorare labor; mihi jussa capessere fas est.*

El mismo poeta, en el tercer acto de la *Eneida*, hace que la cosa inanimada hable con la cosa animada, donde dice: *Multum, Roma, tamen,*

debes civilibus armis. Horacio hace que el hombre hable con- su misma ciencia como con otra persona. Y no solamente son palabras de Horacio, sino que éste, casi repitiendo las del buen Homero, dice en su *Arte poética*: *Dic mihi. Musa virum.* Ovidio, al principio del libro llamado *Remedio de amor*, hace que Amor hable como un ser humano donde dice: *Bella mihi, video, bella parantur, ait.*
Todo esto pueden tenerlo en cuenta quienes duden en alguna parte de este mi opúsculo. Y para que no tergiverse las cosas ninguna persona obtusa, debo añadir que ni los poetas hablaron así sin sentido ni los rimadores deben hablar sin poner sentido en lo que digan, pues gran vergüenza sería para quien rimase con figuras y recursos retóricos que, al pedirle que desnudase sus palabras de tal vestidura, para que fueran entendidas rectamente, no supiese hacerlo.
Mi primer amigo y yo conocemos a algunos de los que riman tan neciamente.

XXVI

La gentilísima mujer de quien anteriormente he hablado era tan admirada por las gentes, que cuando iba por las calles corrían todos a contemplarla, lo cual me alegraba sobre manera. Y cuando ella estaba cerca de alguien, tanta honestidad infundíale en el corazón, que no osaba levantar la cabeza ni responder a su saludo: muchos que experimentaron tal influencia podrían abonarme ante los incrédulos. Coronada y vestida de humildad pasaba ella, sin mostrar vanagloria de lo que veía y oía. Y cuando había pasado, decían muchos: «No es una mujer, sino un hermosísimo ángel del cielo.» Otros decían: «¡Qué maravilla! ¡Bendito sea el Señor, que tan admirables obras produce!» Mostrábase, en efecto, tan bella y colmada de hechizos, que quienes la miraban sentíanse invadidos por una dulzura tan honesta y suave, que no podían expresarla, a más de que al principio se habían visto obligados a suspirar.

Estos efectos y otros más admirables producía mi amada, por lo cual yo, pensando en ello y queriendo volver al estilo de su alabanza, decidí escribir unos versos en los que diese a entender sus admirables y excelentes influencias, no tan sólo para dirigirlos a quienes podían verla en la realidad, sino para los demás, a fin de que procuren saber de ella lo que las palabras no pueden entender. Entonces compuse este soneto, que empieza: «Muéstrase tan hermosa y recatada.»

Muéstrase tan hermosa y recatada la dama mía si un saludo ofrece que toda lengua, trémula, enmudece y los ojos se guardan la mirada.

Sigue su rumbo, de humildad nimbada y al pasar ella su alabanza crece.

Desde los cielos descender parece en virtud de un milagro presentada.
Tan amable resulta a quien la mira, que por los ojos da un dulzor al seno
que no comprenderá quien no lo sienta. Y hasta parece que su boca alienta un hálito agradable, de amor lleno, que va diciendo al corazón: "¡Suspira!"
Este soneto es tan fácilmente comprensible por lo ya referido, que no necesita división alguna. Así es que, dejándolo, insistiré en que mi amada causaba tanta admiración, que no solamente se le tributaban honores y alabanzas, sino que gracias a ella se les tributaban a otras damas. Yo, percibiendo esto y queriéndolo manifestar a quien no lo percibía, decidí escribir versos en que lo explicara. Y entonces decidí componer este otro soneto que empieza: «Ve toda perfección con gran fijeza.»
Ve toda perfección con gran fijeza quien ve, entre otras mujeres, a la mía, y deben, las que vanle en compañía, rendir gracias a Dios por tal largueza.
Tan grande es el poder de su belleza, que, lejos de inspirar envidia impía, llevóme al sitio donde unas mujeres, de amores, y de fe, y de gentileza.
Todo, a su sola aparición, se humilla; pero no luce sola en hermosura, sino que la refleja por su ambiente.

Y tal hechizo en sus acciones brilla, que nadie recordara su figura sin suspirar de amores dulcemente.

Este soneto consta de tres partes. En la primera digo entre qué personas parecía más admirable mi amada; en la segunda pondero cuán agradable era su compañía, y en la tercera hablo de lo que por su influencia se operaba en las demás. La segunda parte empieza en «Y deben»; la tercera, en «Tan grande». Esta última parte se divide en tres. En la primera digo cómo influía en las mujeres en cuanto a sí mismas; en la segunda, cómo influía en ellas respecto a los demás, y en la tercera afirmo que influía admirablemente, no sólo en las mujeres, sino en todas las personas, y no sólo cuando estaban en su presencia, sino cuando se acordaban de ella. La segunda parte empieza en «Todo, a su sola aparición», y la tercera en «Y tal hechizo».

XXVII

Luego de esto, di un día en pensar sobre lo que había dicho de mi amada en los dos anteriores sonetos; y percatándome de que no había hablado de lo que a la sazón me ocurría, parecióme haberme expresado defectuosamente. Decidí, por tanto, escribir unos versos en los que manifestara cuán sujeto me hallaba a la influencia de mi amada y cómo actuaba en mí dicha influencia. Y suponiendo que no podía referirlo todo en la brevedad de un soneto, comencé entonces esta canción que empieza:

Tanto tiempo, me tiene dominado Amor por su virtud de señoría, que si al principio duro parecía, hogaño me parece suavizado.
Y es que cuando me deja anonadado porque el ánimo escapa y se extravía, entonces, débil, siente el alma mía tal goce, que me noto demudado.
Amor requiere luego tal potencia, que me hace suspirar si estoy hablando
Y, mi dama invocando, aumenta, con placer, mi complacencia.
Tal acontece si a mi vista acude, aunque pueda haber gente que lo dude.

XXVIII

Quomodo sedet sola civitas plena populo! facta est quasi vidua domina gentium! Aún no había pasado del inicio de dicha canción, de la que sólo había terminado la anterior estrofa, cuando el Señor de los justos llamó a mi gentilísima amada para que goce de la gloria bajo la enseña de la bendita Reina y Virgen María, para cuyo nombre hubo siempre gran veneración en las palabras de la bienaventurada Beatriz. Y aunque tal vez fuera oportuno decir algo de su partida de este mundo, no es mi propósito tratar de ello, por tres razones: la primera es que no entra en el plan del opúsculo, como puede verse en el proemio; la segunda es que, aun cuando entrase en el plan, no podría yo hablar de ello como fuera menester; y la tercera es que, aun eliminando los dos obstáculos anteriores, no me conviene tratar de ello, por cuanto habría de convertirme en un apologista de mí mismo, cosa, en fin de cuentas, muy vituperable, por lo cual dejaré tal materia para otro glosador.

Empero, como el número nueve se ha mostrado muchas veces entre las precedentes palabras, no sin motivo al parecer, y comoquiera que en la partida de mi gentilísima amada diríase que también tuvo importancia tal número, conviene decir aquí algo que creo pertinente. En primer término, diré cómo intervino dicho número en su partida, y luego explicaré con razones la causa de que tal número le fuera tan amigo.

XXIX

El alma nobilísima de Beatriz partióse, según la manera de computar el tiempo en Arabia, en la primera hora del noveno día del mes; según la manera de computarlo en Siria, en el noveno mes del año, pues allí el primer mes es Tisirin, que corresponde a nuestro octubre, y según la manera de computarlo nosotros, en el año de nuestra indicación, o sea, del Señor, cuyo número redondo había cumplido nueve veces en el siglo en que ella fue puesta en este mundo: vivió entre los cristianos de la centuria decimotercera.

Una de las razones en virtud de las cuales dicho número le fue tan amigo, podría ser la de que, según Tolomeo y la ciencia cristiana, son nueve los cielos que se mueven, y, según la general opinión de los astrólogos, dichos cielos nos transmiten las relaciones armoniosas a que se hallan sometidos, por lo cual la fidelidad de dicho número nueve daría a entender que, al ser ella engendrada, los nueve cielos móviles estaban en perfectísima armonía. Esto es, desde luego, una razón; pero, pensando más sutilmente y según la verdad infalible, dicho número fue ella misma. Me explicaré mediante una comparación. El número tres es la raíz de nueve, pues que sin otro número, multiplicado por sí mismo, da nueve, según vemos claramente que tres por tres son nueve. Ahora bien: si el tres es por sí mismo factor del nueve, y, por otra parte, el Factor o Hacedor por sí mismo de los milagros es también tres, o sea Padre, Hijo y Espíritu Santo, que son Tres y Uno, a mi amada le acompañó el número nueve para dar a entender que era un nueve, es decir, un milagro, cuya raíz- la del milagro- es solamente la Santísima Trinidad. Quizá persona más sutil hallaría en esto razón todavía más sutil; pero la apuntada es la que yo veo y la que me place más.

XXX

Una vez ausente de este mundo mi gentilísima amada, quedó la ciudad antes aludida como viuda despojada, por lo que yo, llorando en medio de tanta desolación, escribí a los principales de la ciudad acerca de su condición, citando aquellas palabras iniciales de Jeremías que dicen: *Quomodo sedet sola civitas*. Y digo esto para que nadie se maraville de que las haya mencionado antes como introducción de la nueva materia que seguía. Y si alguien me reprochara no escribir las palabras que siguen a las citadas, me excusaría con que mi propósito, ya desde el principio, fue solamente escribir en lengua vulgar; por lo cual, comoquiera que las palabras que siguen a las citadas son todas latinas, saldríame de mi propósito transcribiéndolas. A más, idéntica intenciónque yo escribiera solamente en vulgar- sé que tuvo aquel mi primer amigo a quien escribo.

XXXI

Cuando mis ojos hubieron llorado largo tiempo y tan fatigados estaban que ya no podían desahogar mi tristeza, propúseme aliviarla con palabras de dolor. Determiné, por ende, componer una canción en la cual, entre lágrimas, discurriese acerca de aquello por quien tanto dolor había destruido mi alma. Entonces compuse la canción, que empieza: «Mis, ojos han vertido tanto llanto». Y para que esta canción termine más secamente, la dividiré antes de escribirla, como haré de ahora en adelante.

Esta misma canción consta, pues, de tres partes. La primera es prefacio; en la segunda hablo de ella, y en la tercera me dirijo lastimeramente a la canción. La segunda parte empieza en «Beatriz ascendió»; la tercera, en «¡Oh mi canción!» La primera parte se divide en tres: en la primera explico qué me impulsa a hablar; en la segunda digo a quién quiero hablar, y en la tercera, de quién quiero hablar. La segunda empieza en «Comoquier que el recuerdo»; la tercera, en «Por ende». Luego, al decir: «Beatriz ascendió», hablo de ella y hago dos partes en el discurso: en la primera digo la causa de que fuese arrebatada, y en la segunda, cómo los demás lamentan su partida. Esta segunda parte empieza en «Se separó». Y se divide, a su vez en tres partes. En la primera hablo de quien no la llora, en la segunda de quien la llora, y en la tercera, de mi situación. La segunda empieza en «Sin que le sobrecoja»; la tercera, en «Me causa angustia». Luego, al decir: «¡Oh mi canción!», me dirijo a la canción misma, indicándole a qué mujeres ha de ir y permanecer con ellas.

Mis ojos han vertido tanto llanto por el pesar que el corazón henchía, que parecen exhaustos

totalmente. Y si aliviar pretendo mi quebranto, que a la muerte me lleva con falsía,
he de hablar con la voz languideciente.
Comoquier que el recuerdo se presente de que, mientras mi dama subsistía, hablaba de ella, ¡oh damas!, con vosotras no quiero hablar con otras, que las que cobijáis la cortesía.
Por ende, como fue la amada mía súbitamente al Cielo, en llanto digo y cómo al triste Amor dejó conmigo.
Beatriz ascendió al reino de los cielos y en la quietud del ángel permanece.
¡Oh damas, de vosotras se ha alejado!
Y no la arrebataron ni los hielos ni el calor, según norma que acontece, sino su corazón, insuperado.
El resplandor por su virtud lanzado a los cielos llegó con tal potencia,
que Dios, ante el magnífico portento, llamó con dulce acento a la dama gentil a su presencia.
Y provocó el maravilloso evento a fin de evidenciar que el bajo mundo era indigno de un ser tan sin segundo. Se separó de su gentil persona su espíritu gracioso y delicado, que actualmente reside en lugar digno.
Quien no la llora cuando la menciona, alberga un corazón duro y malvado do no se encontrará sentir benigno. No existe corazón, siquiera maligno, que pueda imaginar su puro encanto, sin verse acometido de congoja, sin que le sobrecoja un ansia de morir fundido en llanto.

Y de confortación su alma despoja quien en su mente ve lo que ella fuera y cuál fue arrebatada considera.

Me causa angustia el suspirar muy fuerte cuando me acude el pensamiento grave de aquella que mi pecho desgarra.

Y pensando a las veces en la muerte me gana un sentimiento tan suave, que muda los colores de mi cara. Cuando ese pensamiento se declara me vencen los dolores tan potentes,

que me estremezco del dolor que siento, y tal cariz presiento que me aparta vergüenza de las gentes.

Solo, vertiendo lágrimas ardientes, llamo a Beatriz. "¡Estás ya muerta!", exclamo, y me consuelo en tanto que la llamo.

Lloros de penas y ansias de agonía pártenme el corazón en dondequiera hasta el punto de herir a quien me oyese, y cuál es mi vivir desde aquel día en que subió mi dama a la alta esfera no hay lengua que a decirlo se atreviese, ni tan siquiera yo, cuando quisiese, pues no sabría dar con tino el tono que tanto amarga mi presente vida, a tal grado abatida, que todos me murmuran: "¡Te abandono!" al percibir mi faz descolorida.

Pero mi ser presente ve el bien mío y de hallar galardón no desconfío.

¡Oh mi canción de lágrimas y duelos!...

Vé en busca de señoras soberanas a quienes tus hermanas llevaban alegría y gentileza.

Y tú, nacida en gracia de tristeza, queda con ellas triste y en desgana.

XXXII

Una vez compuesta semejante canción, llegóse a mí quien, según los grados de amistad, podía considerar yo como mi segundo amigo, el cual tenía tal parentesco de consanguinidad con la gloriosa Beatriz, que no podía haberlo mas estrecho. Luego de conversar conmigo, suplicóme que le compusiera unos versos para dedicarlos a una mujer que había muerto, si bien disimuló sus palabras con objeto de parecer que se refería a otra que también había fallecido. Mas yo, advirtiendo que se refería solamente a la bienaventurada Beatriz, respondíle diciendo que haría lo que suplicaba. Y meditando sobre ello decidí escribir un soneto en que me lamentase largamente y entregarlo a mi amigo para que pareciese escrito por él. Y entonces compuse este soneto, que empieza: «Venid para escucharme los lamentos.» Se divide en dos partes. En la primera llamo a los devotos de Amor para que me escuchen; en la segunda hablo de mi lamentable estado. La segunda parte empieza en «Lo que morir.»
Venid para escucharme los lamentos, almas piadosas, que piedad lo pide.
Lo que morir, por el penar, me impide es que lanzo mis penas a los vientos. Apelo al llanto

en todos los momentos aunque el llanto a acudir no se decide.
Mi dolor no se pesa ni se mide si lágrimas no bañan sus tormentos.
Venid para escucharme la llamada a la dama que fuese a la moradaque su virtud celeste requería.
Venid para escucharme que abomino de la presente vida y mi destino, ya que me falta su presencia pía.

XXXIII

Una vez compuesto el soneto, considerando quién era aquel a quien pensaba entregarlo para que pasase por suyo, parecióme la merced pobre y mísera, tratándose de persona tan allegada a la gloriosa Beatriz. Por ende, antes de entregarle el susodicho soneto, compuse dos estrofas de una canción, la primera verdaderamente para él y la segunda para mí, si bien quien no las examine sutilmente las juzgará referentes a una misma persona; mas quien las examine sutilmente verá que hablan personas distintas, por cuanto una no la llama señora suya a Beatriz, y la otra, sí, como paladinamente aparece. Tanto esta canción como el soneto susomentado se los entregué, diciéndole que sólo para él los había compuesto. La canción empieza: «Cada vez que me acude el pensamiento.» Consta de dos partes. En una, es decir, en la primera estrofa, se lamenta el amigo mío y allegado de ella; en la segunda me lamento yo. Es en la estrofa que empieza: «Y tiene el suspirar.» Se ve, pues, que en esta canción laméntanse dos personas, una como hermano y otra como siervo.

Cada vez que me acude el pensamiento de la dama hechicera, de la mujer por quien mi pecho siente,

pone en mi corazón triste contento la dolorida mente y exclamo: "¿Aun, alma mía, no te ausentas?

Las torturas sin par que experimentas.

"en este mundo, ya tan fastidioso, me ponen pensativo en miedo inerte."

Y por eso a la muerte, llamo como un dulcísimo reposo y le digo que venga, tan sincero, que siento envidia porque yo no muero.

Y tiene el suspirar de mis desvelos un tono quejumbroso que a la muerte se aclama con porfía, pues ella fue el confín de mis anhelos cuando la dama mía víctima fue de golpe abominoso.

Porque su ser, amable por lo hermoso, desde que abandonó nuestra presencia, con belleza tan alta se confunde que en los cielos difunde,

luz de amor que todo ángel reverencia. Y su mentalidad, por sutil, brilla de tal modo que causa maravilla.

XXXIV

El primer aniversario del día en que mi amada adquirió ciudadanía de vida eterna hallábame yo sentado mientras, recordándola, dibujaba un ángulo sobre unas tablillas. Al volver los ojos, vi cerca de mí a caballeros que me cumplía atender. Contemplaban lo que yo hacía ysegún se me dijo después- ya estaban allí algún tiempo antes de que yo me percatase. Al verlos, me levanté y, saludándolos, dije: «Otra persona pensaba tener ahora por testigo.» Cuando se alejaron torné a mi tarea, a dibujar figuras de ángel. Y estando en ello vínome a las mientes escribir en conmemoración del aniversario, y dirigiéndome a quienes se me habían acercado. Entonces compuse el soneto que empieza: «Por ventura acudió a la mente mía.» Tiene dos principios y lo dividiré con arreglo a cada uno de ellos.
Con arreglo al primero, el soneto consta de tres partes. En la primera digo que aquella mujer estaba ya en mi memoria; en la segunda, lo que Amor me hacía; en la tercera, los efectos de Amor. La segunda empieza en «Amor, que en mi memoria»; la tercera, en «Llorando, sí». Esta parte se divide en dos: en la primera digo que todos mis suspiros salían hablando; en la segunda, cómo algunos hablaban de manera distinta a los otros. La segunda parte empieza en «Y el suspiro más fuerte». De la misma

guisa se divide el soneto con arreglo al otro principio, salvo que en la primera parte digo cuándo aquella mujer se presentó en mi mente, cosa que no refiero en el otro.

PRIMER COMIENZO

Por ventura acudió a la mente mía la señora gentil a quien pusiera
por sus méritos Dios en la alta esfera
de la humanidad, do está siempre María.

SEGUNDO COMIENZO

Por ventura acudió a la mente mía la que llora el Amor, dama radiosa cuando por su virtud, tan poderosa, llegasteis, para ver lo que yo hacía.
Amor, que en mi memoria la veía, despertóse en el alma, do reposa, a suspiros mandó voz imperiosa y brotaron con gran melancolía.
Llorando, sí, salían de mi pecho con voz que determina la presencia de lágrima fatal en cara triste.
Y el suspiro más fuerte y más deshecho exclamaba: "Oh sublime inteligencia;
al Cielo, hoy hace un año, que subiste."

XXXV

Algún tiempo después, hallándome dedicado a recordar pasados tiempos, estaba preocupado y con tan dolorosos pensamientos, que me daban aspecto de terrible decaimiento. Dándome cuenta de mi estado, levanté los ojos por ver si alguien me miraba. Y entonces vi a gentil mujer, joven y sobre manera hermosa, que desde un ventanal mirábame tan compasivamente, al parecer, que diríase reunida en ella toda compasión. Y como cuando los afligidos ven que se compadecen de ellos, más presto dan en el llanto, cual si tuvieran compasión de sí mismos, noté que se iniciaba en mis ojos prurito de lágrimas, por lo cual, temiendo descubrir las miserias de mi vida, apartéme de la vista de aquella hermosa. «Es imposible- decía en mi fuero interno- que en dama tan compasiva no exista un nobilísimo amor.» Entonces decidí escribir un soneto en que me dirigiese a ella y comprendiera cuanto he referido en este discurso. Y como por ello mismo resultará harto evidente, no lo dividiré. El soneto empieza en «Vieron mis ojos toda la clemencia».

Vieron mis ojos toda la clemencia que clara apareció en vuestra figura al percibir los actos y postura que me inspira el dolor con gran frecuencia.

Noté que sabe vuestra inteligencia la condición de mi existencia oscura, tanto, que el corazón se me tortura por mostrar, con el llanto, mi indigencia.

Por ende, me aparté de vuestros ojos sabiendo que los lloros y sonrojos saldrían de mi pecho emocionado.
Y dije para mí en pecho doliente:
"También anida en dama tan clemente el amor que me puso en tal estado."

XXXVI

Aconteció después que, dondequiera me viese esta mujer, tornábase su semblante compasivo y palidecía como amorosamente, por lo cual a menudo recordábame a mi nobilísima amada, que con semejante palidez se me mostraba. Y en verdad digo que muchas veces, no pudiendo llorar ni desahogar mi tristeza, procuraba ver a tan compasiva señora, la cual diríase que con su presencia hacía brotar lágrimas de mis ojos. Por ello ganáronme deseos de escribir algunos versos dirigidos a ella. Y entonces compuse este soneto, que empieza. «Color de amor y de piedad talante.» No el menester dividirlo, por cuanto resulta claro con lo antedicho.
Color de amor y de piedad talante, nunca tornó tan admirablemente un rostro de mujer por mí frecuente llanto de devoción, mirar amante, como vos los tomáis, señora, ante la gravedad de mi decir doliente, tanto, que al veros túrbase mi mente y el corazón sospecho que no aguante.
Y están mis pobres ojos con recelo de veros mucho y por diversos modos por ansias de

llorar que en ellos moran. Pero, aunque tanto fomentéis su anhelo que por las ansias se consumen todos, es- llorar ante vos- cosa que ignoran.

XXXVII

Tanto me deleitaba ver a tal señora, que mis ojos comenzaron a deleitarse en demasía al verla, por lo cual acusábame frecuentemente yo mismo y teníame por vil. En ocasiones abominaba de la vanidad de mis ojos y decíales en mis pensamientos: «Antes solíais provocar el llanto de quien veía vuestra dolorosa condición, y ahora diríase que pretendéis olvidarlo por esta mujer que os mira. Os mira, pero solamente por la pena que le produce la bienaventurada mujer a quien llorar solíais. Mas haced cuanto queráis, malditos ojos, ya que os recordaré con tanta frecuencia, que nunca, sino tras la muerte, cesarán vuestras lágrimas.» Y en cuanto hube reprendido entre mí y en tales términos a mis ojos, me asaltaron grandes y angustiosos suspiros. Y a fin de que la pugna desarrollada en mí fuera conocida por alguien más que por el desventurado que la sufría, decidí escribir un soneto en que describiese mi horrenda situación. Y compuse el soneto que empieza: «Lágrimas muy amargas derramando.» Consta de dos partes. En la primera hablo a mis ojos como hablaba mi corazón en mí mismo; en la segunda aclaro alguna duda, manifestando quién es el que así habla. Y empieza esta parte en «Dice mi corazón». Cabría hacer más divisiones, pero serían inútiles, una vez expuesta claramente la materia.

"Lágrimas muy amargas derramando, estuvisteis por tiempos, ojos míos.
Y la gente sentía escalofríos de lástima que fuisteis observando.
"Más creo que lo iríais olvidando si fuera yo inclinado a desvaríos y no obstaculizara los desvíos a la que hízoos llamar rememorando.
"Pero me hacen temer la petulancia y la vanidad vuestra por la instancia
de un rostro de mujer que ahora os mira
"Recordad, mientras muerta no os apunta . a la señora vuestra, ya difunta."
Dice mi corazón. Luego, suspira.

XXXVIII

La presencia de aquella dama poníame de tal guisa, que muchas veces pensaba en ella como en persona que harto me placía. «Es- llegaba a pensar- una gentil señora, bella, joven y discreta, que tal vez Amor me ha dado a conocer para consolar mi existencia.» Y a menudo pensaba aún más amorosamente, hasta el punto de que el corazón aceptaba tal argumento. Pero luego de la aceptación, pensaba yo lo contrario, como por la razón inducido, y decíame: «¿Qué pensamiento es éste, Dios mío, que de tan ruin manera quiere consolarme y no me deja lugar a pensar otra cosa?» Pero seguidamente surgía otro pensamiento para decirme: «Ya que te hallas tan atribulado, ¿por qué no quieres sustraerte a tal amargura? Bien advertirás que un hálito de Amor pone ante ti deseos amorosos, procedentes de tan noble origen como los ojos de la dama que tan compasiva se ha mostrado.» Yo, que albergaba una pugna vivaz en mí mismo, quería seguir hablando de ello; pero como en la lid de los pensamientos venían los que abogaban por ella, a ella creí conveniente dirigirme. Y compuse el soneto que empieza: «Un noble pensamiento que os presenta.» Y digo «noble», por cuanto a noble dama se refería, ya que por lo demás era un pensamiento muy vil.

En dicho soneto hago dos partes en mí, con arreglo a la división de mis pensamientos. A una parte llamo «corazón», o sea el deseo, y a la otra, «alma», o sea la razón. Y refiero cómo hablan entre sí. Que es propio llamar corazón al deseo y alma a la razón, resultará evidente para quien me place que me entienda. Bien, es verdad que en el soneto anterior tomo el partido del corazón contra el de los ojos, lo cual parece contrario a lo que digo en el inmediato siguiente; no obstante, también allí tomé el corazón por el deseo, pues que mayor anhelo tenía yo de recordar a mi gentilísima amada que de ver a ésta, si bien tenía de ello cierta apetencia, ligera al parecer, con lo cual se demuestra que lo allí dicho no se opone a lo que aquí se dirá.

Este soneto consta de tres partes. En la primera comienza diciendo a esta señora cómo mi deseo se dirige hacia ella; en la segunda refiero cómo el alma, o sea la razón, habla con el corazón, o sea el deseo; en la tercera incluyo la respuesta. La segunda parte empieza en «¿Quién es?»; la tercera, en «Y el corazón».

Un noble pensamiento que os presenta viene a morar conmigo tan frecuente y razona de amor tan dulcemente, que hace que el corazón en él consienta.

"¿Quién es -demanda el alma- este que intenta mitigar el dolor de nuestra mente y el influjo del cual es tan potente que cualquier otra idea nos ahuyenta?" Y el corazón: "¡Ay alma cavilosa!

Es un novel espíritu amoroso que ante mí ha desplegado sus delirios.

"Su vida, en lo que tenga de valiosa, dimana del espíritu piadoso
que turbábase al ver nuestros martirios."

XXXIX

Un día (a la hora de nona, aproximadamente) alzóse en mí, con-tra este adversario de la razón, un pensamiento pertinaz. Creí ver a la bienaventurada Beatriz con las bermejas vestiduras con que primero se mostró a mis ojos y tan juvenil como cuando por vez primera la vi. Entonces comencé a pensar en ella. Y según iba recordándola por el orden del tiempo que pasó, mi corazón empezaba a arrepentirse profundamente por el deseo de que cobardemente habíase dejado ganar algunos días, a pesar de la constante razón. Una vez ahuyentado tan maligno deseo, todos mis pensamientos se dirigieron a la gentilísima Beatriz. A partir de entonces pensaba en ella tan avergonzado, que lo denotaba con suspiros: suspiros que al salir decían lo que el corazón decía, o sea el nombre de mi nobilísima dama y cómo partió de este mundo. Con frecuencia pensaba tan dolorido, que olvidábame hasta del sitio donde me encontraba. Con este recrudecimiento de suspiros renovóse el amortiguado llanto, de manera que mis ojos parecía que solamente desearan llorar, y sucedía a menudo que, por el llanto continuo, se ponía en torno a los ojos ese purpurino color que suele asomar cuando se recibe alguna tortura. Tuvieron, pues, justo castigo a su ligereza, de modo que en adelante no mirarían a nadie que los pudiese mirar en forma que los redujera a tal situación. Y yo, con el propósito de que el deseo maligno y la vana tentación aparecieran aniquilados sin que los anteriores versos pudieran inducir a dudas, decidí escribir un soneto en el que compendiara lo dicho. Y compuse entonces el soneto que empieza: «Tanto, ¡ay de mí!, el espíritu suspira.» (Dije «¡ay de mí!» porque me avergonzaba de la ligereza de mis ojos.) No divido este soneto, porque su sentido tiene sobrada claridad.

Tanto, ¡ay de mí!, el espíritu suspira
-pensando en ella, nacen los enojos-, que ya no pueden mis vencidos ojos devolver la mirada a quien los mira.
Parecen hechos para un par de antojos llorar y revolverse en una pira.
Y Amor, viendo sus penas, no retira corona del martirio con abrojos.
Los tales sentimientos suspirados dan en el corazón una soflama
que el mismo Amor, con efusión, la advierte.
Y es que llevan en sí los desdichados
el nombre prodigioso de mi dama
y acentos relativos a su muerte.

XL

Después de esa tribulación, en esos días en que la multitud acude a ver la bendita imagen que Jesucristo nos dejó para recuerdo de su hermosísima faz, la cual contempla mi amada en la gloria, aconteció que algunos peregrinos pasaron por la calle mayor de la ciudad donde nació, vivió y murió aquella gentilísima mujer. Y estos peregrinos, a lo que me pareció, andaban meditabundos, por lo que yo, pensando en ellos, me dije: «Los tales peregrinos se me antojan de lueñes tierras y no creo que hayan oído hablar de aquella mujer ni sepan algo de ella; antes al contrario, pensarán en algo distinto, quizá en sus amigos ausentes, que nosotros no conocemos.» Luego seguí diciéndome: «Si los tales peregrinos fueran de cercano país, mostraríase la turbación en sus semblantes al atravesar la dolorida ciudad.» Y proseguía yo diciéndome: «De poderlos retener un tanto, haría que llorasen antes que salieran de esta ciudad, pues les diría palabras que arrancarían lágrimas en quienquiera que las oyese.»

En cuanto hube perdido de vista a los peregrinos decidí escribir un soneto en que manifestara lo que había dicho en mi fuero interno. Y para que pareciese más lastimero, me propuse escribirlo cual si a ella me dirigiese. Así, pues, compuse el soneto que empieza: «¡Oh peregrinos de faz cavilosa!» Escribí peregrinos en la amplia acepción del vocablo, que puede tomarse en dos sentidos: amplio y estrecho. En el amplio sentido, es peregrino quien se halla fuera de su patria; en el estrecho, sólo se llama peregrinos a quienes van a Santiago o de allí vuelven. A más, es de advertir que de tres modos se llama propiamente a quienes caminan para servir al Altísimo. Llámase «palmeros» a quienes van a Oriente, pues suelen traer muchas palmas de allí; «peregrinos» a los que van al templo de Galicia, pues la sepultura de Santiago está más lejos de su patria que la de cualquier otro apóstol, y «romeros» a los que van a Roma, que era adonde se dirigían mis peregrinos. No divido este soneto porque harto manifiesto es su sentido.

¡Oh peregrinos de faz cavilosa quizá por algo que no está presente!

¿Venís acaso, como se presiente, de alguna tierra luenga y fabulosa, ya que no vais con cara lacrimosa atravesando la ciudad doliénte

cual un enjambre ajeno, por nesciente, a la fatal desgracia que la acosa?

Si queréis conocerla, deteneos. El corazón me dice con suspiros que no proseguiréis sin afligiros. La ciudad sin Beatriz hase quedado, y hablando de mi amada es obligado que de llorar os nazcan los deseos.

XLI

Dos nobles señoras me mandaron a decir, en ruego, que les enviara estos versos; pero yo, atento a su nobleza, acordé enviárselos con más algunos versos nuevos que haría y que les enviaba con los otros para corresponder más dignamente a sus atenciones. Y entonces escribí un soneto refiriendo mi estado y se lo envié acompañado del soneto anterior y de otro que empieza: «Venid a oír.»

El soneto que a la sazón compuse empieza: «Sobre la esfera que más alta gira.» Consta de cinco partes. En la primera digo adónde va mi pensamiento, dándole el nombre de alguno de sus efectos. En la segunda digo por qué asciende, es decir, qué le impele. En la tercera digo lo que ve, o sea una mujer a quien se honra en las alturas, y le llamo «peregrino espíritu» porque espiritualmente va allí y reside allí cual peregrino fuera de su patria. En la cuarta digo cómo la ve que es de tal modo, que no la puedo entender; pudiera decirse que mi pensamiento penetra en la ciudad de ella a tal punto que mi inteligencia no lo puede comprender, pues nuestra inteligencia se halla en relación a las almas bienaventuradas así como nuestros débiles ojos ante él sol, según dice el filósofo en el segundo libro de la *Metafísica*. Y en la quinta digo que, aun cuando no pueda comprender hasta dónde me remonta el pensamiento, o sea lo admirable de la condición de mi amada, al menos comprendo que semejante pensamiento se refiere a ella, porque noto frecuentemente su nombre en mi pensamiento. Al fin de esta quinta parte escribo «amigas» para dar a entender que me dirijo a mujeres. La segunda parte empieza en «Pero una vez allí»; la tercera, en «Y al llegar al lugar»; la cuarta, en «Y la ve tal», y la quinta, en «Más sé que». Cabría dividirlo más minuciosamente y hacerlo más útilmente comprensible; pero puede bastar esta división, por lo que no me entretengo en subdivisiones.

Sobre la esfera que más alta gira llega el suspiro que mi pecho lanza.

Pero una vez allí, de nuevo avanza por más potencia que el Amor inspira.
Y al llegar al lugar de donde aspira ve a una dama ceñida de alabanza
y, por el vivo resplandor que alcanza, el peregrino espíritu la mira.
Y la ve tal que no le entiendo cuando háblame de ella -rara y sutilmente- obedeciendo al corazón abierto.
Mas sé que de mi dama me está hablando, pues recuerda a Beatriz frecuentemente, lo cual, amigas, tengo por muy cierto.

XLII

Terminado este soneto, me sobrevino una extraña visión en que contemplé cosas tales que me determinaron a no hablar de aquella alma bienaventurada hasta tanto que pudiera hablar de ella más dignamente. Para lograrlo estudio cuanto puedo, como a ella le consta. Así es que, si el Sumo Hacedor quiere que mi vida dure algunos años, espero decir de ella lo que jamás se ha dicho de ninguna. Después ¡quiera el Señor de toda bondad que mi alma pueda ir a contemplar la gloria de mi amada, de la bienaventurada Beatriz, que gloriosamente admira la faz de Aquel *qui est per omnia saecula benedictus!*

Made in the USA
Las Vegas, NV
12 January 2022